자두의 과학일기

자두의 과학일기 [미세먼지]

2019년 1월 30일 초판 1쇄 발행
2023년 6월 25일 초판 5쇄 발행

글 | 서지원
그림 | 최호정

발행인 | 정동훈
편집인 | 여영아
편집 | 김지현, 김학림, 김상범, 김지수, 변지현
디자인 | 장현순
제작 | 김종훈
발행처 | ㈜학산문화사

등록 | 1995년 7월 1일 제3-632호
주소 | 서울 동작구 상도로 282 학산빌딩
전화 | 편집 문의 02-828-8873, 8823 영업 문의 02-828-8962
팩스 | 02-823-5109
홈페이지 | www.haksanpub.co.kr

ⓒ이빈, 서지원, 최호정 2019
ISBN 979-11-348-1963-7 74400
ISBN 979-11-256-5033-1 (세트)

※KC마크는 이 제품이 공통안전기준에 적합하였음을 의미합니다.
※이 책은 저작권법에 따라 한국 내에서 보호받는 저작물이므로 무단 전재와 무단 복제를 금합니다.
  이 책의 전부 또는 일부를 이용하려면 반드시 저작권자와 출판사의 동의를 받아야 합니다.
※잘못된 책은 바꾸어 드립니다.

[미세먼지]

| 머리말 |

반갑지 않은 불청객 '미세먼지'

해마다 미세먼지는 점점 더 많아지고 있어요.
우리나라는 초미세먼지가 심해지면
'초미세먼지 주의보'가 발령됩니다.
2018년도에는 2017년보다 2배나 넘게 발령되었지요.
1년 동안 무려 316회나 발령되었다고 하니,
거의 1년 내내 미세먼지 때문에 괴로웠던 해였어요.
미세먼지는 워낙 작아서 한 번 몸속으로 들어오면
몸 밖으로 빠져나가기 어려워요.

몸속으로 들어온 미세먼지는 계속 쌓여 가면서
나쁜 병을 일으키지요.
불행하게도 지금 우리는 당장 미세먼지를 막을 방법이 없어요.
하지만 미세먼지에 대해 많이 공부하고 준비한다면
앞으로 미세먼지를 줄이고 피해도 줄일 수 있을 거예요.
우리 어린이들이 앞으로 미세먼지가 없는
맑고 깨끗한 세상에서 마음껏 뛰어놀 수
있기를 바랍니다.

서지원

| 차례 |

1장 미세먼지는 왜 생기는 걸까?

미래의 지구를 없애지 마! · 10
우주에도 먼지가 있을까요?

먼지는 무서워! · 14
먼지 때문에 공룡이 멸종했다고요?

황사 바람을 막아라! · 18
황사가 피해를 준다고요?

스모그 괴물 · 22
스모그는 왜 생기는 걸까요?

자전거를 탈래요! · 26
자동차 배기가스는 왜 위험한 걸까요?

보이지 않는 먼지 · 30
미세먼지란 무엇일까요?

대기 오염 측정기는 신기해! · 34
대기 오염지수는 어떻게 측정할까요?

방방 뛰지 마! · 38
사람도 먼지를 만든다고요?

2장 미세먼지는 왜 위험할까?

코털의 힘 · 44
어떤 먼지가 위험할까요?

밖에 나가고 싶어! · 48
미세먼지가 질병을 일으킨다고요?

집은 안전할까? · 52
집에도 미세먼지가 있다고요?

누가 더 나쁠까? · 56
미세먼지랑 황사는 다르다고요?

작은 게 좋은 거라고? · 60
초미세먼지를 피해야 하는 까닭은 뭘까요?

자두의 꿈 · 64
미세먼지도 예보할 수 있을까요?

3장 미세먼지는 어떻게 지구를 파괴할까?

비행의 왕 · 70
미세먼지는 얼마나 멀리 날아갈까요?

먼지 이불 · 74
먼지 때문에 지구가 뜨거워진다고요?

숨 쉬지 않을 테야! · 78
이산화탄소가 지구를 오염시킨다고요?

먼지도 소중해! · 82
먼지가 없다면 지구는 어떻게 될까요?

오존은 착할까, 나쁠까? · 86
오존층이 파괴되면 지구에 어떤 일이 일어날까요?

4장 미세먼지를 막으려면 어떻게 해야 할까?

황사야, 덤벼라! · 92
황사가 몰려올 땐 어떻게 행동해야 할까요?

미세먼지 때문에 용돈이 줄었어! · 96
미세먼지가 나라 경제에도 영향을 미친다고요?

포기하지 마 · 100
대기 오염을 줄이기 위한 대책에는 어떤 게 있을까요?

편식하지 마! · 104
가정에서도 대기 오염을 줄일 수 있다고요?

나무를 심자 · 108
공기를 맑게 하려면 어떻게 해야 하나요?

더러운 게 아니라고? · 112
갯벌이 지구의 먼지 청소기라고요?

1장 미세먼지는 왜 생기는 걸까?

01 미래의 지구를 없애지 마!
우주에도 먼지가 있을까요?

02 먼지는 무서워!
먼지 때문에 공룡이 멸종했다고요?

03 황사 바람을 막아라!
황사가 피해를 준다고요?

04 스모그 괴물
스모그는 왜 생기는 걸까요?

05 자전거를 탈래요!
자동차 배기가스는 왜 위험한 걸까요?

06 보이지 않는 먼지
미세먼지란 무엇일까요?

07 대기 오염 측정기는 신기해!
대기 오염지수는 어떻게 측정할까요?

08 방방 뛰지 마!
사람도 먼지를 만든다고요?

[먼지와 지구]

미래의 지구를 없애지 마!

| 2월 9일 토요일 | 날씨 햇님 본 지 오래 |

선생님이 그러시는데 지구는 먼 옛날 아주 작은 먼지였다고 한다. 오랜 시간 먼지가 똘똘 뭉쳐지다 보니 지구처럼 거대한 행성이 된 거라고 말이다. 그 말을 듣고 보니 지구를 없애려는 나쁜 악당이 누구인지 정체를 알 것 같았다. 바로 우리 엄마이다. 엄마는 먼지만 보면 쓱싹 청소한다. 그러니까 지구가 만들어지기 전에 엄마가 태어났다면 몽땅 청소해서 없애 버렸을 것이다.

알짜배기 과학 상식

우주에도 먼지가 있을까요?

와, 이렇게 하늘을 올려다보면 정말 깨끗해 보여요. 우주엔 먼지 한 점 없겠죠?

우주에는 별만 있는 것 같지? 아니란다. 우리 주변을 먼지가 둘러싸고 있는 것처럼 우주 공간 역시 먼지로 둘러싸여 있어.

우주엔 셀 수 없을 정도로 많은 별이 있어. 이 별들도 사람처럼 태어나서 성장하고 사라지지. 그런데 별이 폭발할 때 엄청난 양의 먼지가 생긴단다.

우주를 떠돌던 먼지들은 서로 끌어당겨서 점점 커다란 덩어리가 돼. 나중엔 구름처럼 커다랗게 변하지. 이런 먼지구름을 성운이라고 불러. 하나로 뭉친 먼지들은 양이 많아질수록 다른 먼지를 끌어당기는 힘이 커지게 돼.

너무 아름다운 먼지들

그리고 밀도가 높아지면서 더욱 단단하고 둥근 모양으로 변해 가지. 먼지 밀도가 높아진 먼지구름은 빛을 내기도 해. 별은 바로 이렇게 해서 만들어지는 것이지.

우리가 사는 지구라든지 달, 화성 같은 행성은 모두 먼지가 모여서 단단한 덩어리가 된 것이란다. 그리고 어떤 경우엔 단단한 덩어리보다 기체가 더 많이 모여서 행성을 이루기도 한단다. 태양이나 목성이 바로 기체가 모여 만들어진 거야.

선생님, 먼지가 모여서 행성이 되었다고 하는데, 대체 행성이 뭐예요?

별에 이끌려 별 주위를 빙글빙글 돌게 된 물체를 바로 행성이라고 한단다. 행성은 별처럼 빛을 내지는 않지만 충분한 무게를 갖고 동그란 형태를 유지하고 있어야해.

[공룡과 먼지]

먼지는 무서워!

| 2월 10일 일요일 | 날씨 방 안에서 콜록콜록! |

에취! 아까부터 자꾸 코가 간질간질! 계속해서 재채기가 났다. 엄마는 이게 다 먼지 때문에 그런 것이라고 한다. 내가 먼지처럼 작은 물질이 어떻게 재채기를 만들 수 있느냐고 물으니, 먼지는 거대한 공룡도 없앨 정도로 강한 힘을 가졌다고 한다. 작고 작은 먼지가 이토록 엄청난 힘을 가졌을 줄이야! 작은 고추가 맵다더니, 옛말은 틀리는 것이 없는 모양이다.

알짜배기 과학 상식

먼지 때문에 공룡이 멸종했다고요?

선생님, 공룡들은 갑자기 왜 사라진 걸까요?

 많은 학자들은 그 당시 지구가 커다란 운석과 부딪히면서 지구 환경에 변화가 생겼기 때문이라고 생각하지.

공룡 멸종에 대해서는 여러 의견이 있지만 가장 유력한 것은 먼지로 인한 멸종설이란다.

많은 과학자들은 6천 5백만 년 전 지구에 커다란 운석이 부딪혔다고 생각하고 있어. 지구가 운석과 충돌하면 어떻게 될까? 틀림없이 엄청난 먼지구름이 발생했겠지? 이 먼지구름은 하늘을 덮어서 태양을 가렸을 거야.

햇볕이 사라진 지구에 어떤 일이 벌어졌겠니? 식물이 자랄 수 없게 될 테고, 땅의 온도는 급격히 떨어지겠지. 그러면 수많은 동물들이 굶어 죽거나 얼어 죽게 될 거야.

당시 지구는 날씨도 따뜻하고 습도가 높아서 아주 커다란 식물들이 많았지. 그런데 햇볕이 사라지고, 갑자기 기온이 내려가게 되자 식물들이 살 수가 없게 된 거야. 결국 다른 동물을 먹이로 삼고 살아가는 공룡 역시 먹이를 먹지 못해 멸종되고 말았을 거라는 게 과학자들의 추측이지.

헉, 먼지 때문에 커다란 공룡들이 멸종했다고 생각하니 어쩐지 무서워져요. 이제부터라도 청소를 열심히 해야겠어요.

참 좋은 생각이구나!

점점 추워진다

[환경 변화]

황사 바람을 막아라!

| 2월 12일 화요일 | 날씨 오랜만에 맑은 하늘 |

아침부터 엄청난 황사가 불었다. 엄마는 모래 먼지가 집 안에 들어온다며 창문을 꽁꽁 걸어 잠갔다. 황사는 중국에서 오는 거란다. 바람이 우리나라 쪽으로 불기 때문에 중국의 모래 먼지가 우리나라로 밀려오는 거라고. 나는 어른이 되면 아주 커다란 선풍기를 만들 것이다. 그리고 황사 바람이 불면 선풍기를 틀어 버려야지. 그러면 우리나라로 오던 황사가 도로 중국으로 갈 테니까.

알짜배기 과학 상식

황사가 피해를 준다고요?

 봄철에 불어오는 모래 먼지바람을 황사라고 하지.

 윽, 황사때문에 봄철이 되면 맑은 하늘을 구경하기가 하늘의 별 따기예요!

봄철이 되면 엄청난 황사가 불어오지. 덕분에 사람들은 마스크를 쓰고 다녀야 할 정도로 고통을 받아. 우리나라를 찾아오는 황사는 중국의 사막 지대나 황토 지대의 모래 먼지가 대부분이야. 중국 땅을 자욱하게 뒤덮은 모래 먼지가 서북풍 바람을 만나면서 동쪽으로 이동하게 되거든. 그러면 뿌연 모래바람이 우리나라로 몰려오게 되는 거야.

황사는 여러모로 우리 생활을 불편하게 만들지. 황사가 심해지면 식물의 잎에 모래 먼지가 달라붙게 돼. 그러면 광합성을 제대로 할 수 없을 뿐만 아니라, 산소도 마음대로 내뱉지 못하게 되지.

동물 역시 황사의 피해를 받는 건 마찬가지야. 황사가 한창일 때는 숨을 쉴 때마다 모래 먼지가 몸속으로 들어오게 돼, 그것이 기관지나 폐에 쌓이면 천식 등 각종 폐 질환을 일으키게 되지. 또, 황사는 눈이나 피부에 염증과 알레르기 증상을 일으킬 수도 있어.

황사는 건물이나 물건에도 영향을 주지. 건물이나 철물에 모래 먼지가 붙어서 빨리 썩거나 누렇게 변색되거든.

요즘 황사가 심각한 문제가 되는 까닭은 그 속에 자동차 매연이나 해로운 산업 먼지들이 섞여 있기 때문이야.

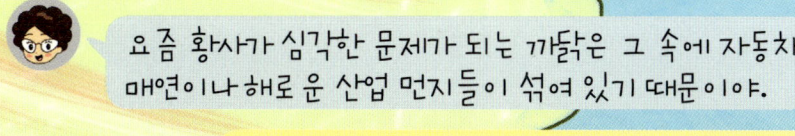

윽, 황사를 몽땅 중국으로 돌려보낼 순 없나요?

| 2월 14일 목요일 | 날씨 스모그가 자욱한 날 |

아침에 일어나서 창밖을 보니 안개가 자욱했다. 이런 날은 친구들이랑 술래잡기를 하면 재미있을 것 같았다. 그래서 얼른 옷을 갈아입고 나가려는데, 엄마가 밖에 나가면 위험하다고 하셨다.

"안 돼! 지금 밖에 스모그가 자욱하단 말이야."

스모그는 안개랑 달리 해로운 물질이 가득하다고 한다. 그래서 오래 서 있으면 여러 가지 병에 걸릴 수도 있다고 한다.

스모그는 왜 생기는 걸까요?

스모그는 연기와 안개가 합친 말이란다. 스모그가 끼면 주변이 마치 안개가 낀 것처럼 뿌옇게 흐려지지.

안개처럼 생겼는데 안개는 아니라니! 그럼 대체 정체가 뭔가요?

산업 혁명이 일어난 영국에서는 20세기에 들어서면서 이상한 사건이 벌어졌어. 사람들이 원인 모를 병에 걸려 고통받다가 죽기 시작한 거야. 의사들은 도대체 병의 이름이 무엇인지도 밝혀낼 수가 없었지. 그러던 어느 날, 사람들은 공장에서 내뿜는 매연과 안개처럼 짙은 스모그 때문에 사람들이 병에 걸린다는 사실을 깨닫게 되었어.

영국은 공장에서 내뿜은 매연과 먼지가 섞여서 하늘을

잔뜩 뒤덮였지. 게다가 자동차에서 나오는 매연도 엄청났어. 그것들이 마치 뿌연 안개처럼 도시를 뒤덮고 있었던 거야. 사람들은 안개처럼 사방을 뿌옇게 만드는 검은 연기를 스모그라고 부르기 시작했지.

스모그는 사람들에게 엄청난 고통을 안겨 주었어. 1930년 벨기에의 뫼즈 계곡에서는 이틀 동안 60여 명의 주민이 사망하고 수천 명이 두통을 호소하는 일이 벌어졌는데 이것은 심각한 대기 오염과 스모그 때문에 생긴 일이었어.

대기 오염이 심각해지면 사람은 물론 식물과 동물 모두 살아갈 수 없게 돼.

마음대로 숨을 쉴 수 없으니 당연한 일이죠.

[환경을 오염시키는 물질 2]

자전거를 탈래요!

| 2월 18일 월요일 | 날씨 그런데 비는 언제 오지? |

우리가 편리하기 위해 타는 자동차가 대기를 오염시키는 주범이라는 얘기를 들었다. 우리가 편해질 때마다 세상은 점점 더 오염되고 위험해진다는 것이다. 그래서 나는 앞으로 아무리 먼 거리라도 걸어 다니겠다고 결심했다. 하지만 그 결심은 10분도 못 가 무너지고 말았다. 조금밖에 안 걸었는데 무척 힘이 들었기 때문이다. 나는 계속 차를 타고 다녀야 하니까, 다른 사람이 대신 걸어 다니면 참 좋겠다.

 알짜배기 과학 상식

자동차 배기가스는 왜 위험한 걸까요?

 자동차 배기가스는 자동차가 휘발유나 경유를 연소시킨 후 내보내는 연기를 말한단다.

헉, 우리 할아버지의 고물 자동차는 달릴 때마다 연기가 풍풍 나오는데!

석유는 주로 탄소와 수소로 이루어져 있어. 그리고 여기에 황, 질소 등 다른 성분들이 조금씩 섞여 있지. 석유 속에 들어 있는 물질은 연소되면서 주로 물과 탄산가스로 바뀌게 돼. 그런데 제대로 연소되지 않을 경우 일산화탄소나 질소 산화물, 아황산가스 같은 물질로 남게 돼. 일산화탄소는 석유 속에 들어 있던 탄소가 산소와 만나 연소되는 과정에서 만들어지는 물질이지.

산성비

사람이 배기가스를 많이 맡게 되면 기관지나 폐에 심각한 영향을 줄 수 있어. 게다가 배기가스는 햇빛과 만나게 되면 오존을 형성하게 돼. 이것이 하늘로 올라간 수증기와 만나면 산성비가 돼지. 또, 자동차 배기가스는 생명체뿐 아니라 건물이나 철물 구조 등을 빨리 상하게 만들기도 해. 무엇 하나 좋은 것이 없는 물질이 바로 배기가스란다.

 나라에서는 배기가스를 많이 내뿜는 차를 단속하는 등 배기가스를 줄이기 위해 여러 가지 노력하고 있지. 하지만 자동차의 수가 워낙 많다 보니 배기가스를 줄이기가 쉽지 않단다.

결국 배기가스를 줄이려면 우리가 자동차 사용을 줄이고, 걸어 다녀야겠군요?

콜록 콜록 콜록 콜록

[미세먼지의 정의]
보이지 않는 먼지

| 2월 20일 수요일 | 날씨 청소를 해도 먼지가 금방 |

우리 엄마는 하루에도 몇 번씩 청소를 한다. 이건 내 생각인데 엄마 눈에는 현미경이 달린 것 같다. 보통 사람 눈에는 보이지 않는 작은 먼지 알갱이까지 다 볼 수 있는 그런 현미경 말이다. 또, 어쩌면 우리 엄마는 사이보그 로봇일지도 모른다. 청소할 때마다 어쩜 그렇게 똑같은 자세로 쓸고, 닦는지 마치 로봇이 청소하는 것만 같다.

알짜배기 과학 상식

미세먼지란 무엇일까요?

 먼지는 크기에 따라 굵은 먼지, 미세먼지, 초미세먼지로 나눠볼 수 있어.

 초미세먼지는 대체 얼마나 작은 걸까요?

우리가 눈으로 볼 수 있는 가장 작은 크기는 0.1mm 정도라고 해. 이건 플라스틱 자로는 잴 수 없을 정도로 작은 크기를 뜻하지. 이렇게 작은 크기의 먼지가 굵은 먼지에 속한단다. 그렇다면 미세먼지는 얼마나 작은 걸까?

미세먼지는 눈에 보이지 않는데 크기는 보통 10㎛(마이크로미터)보다 작다고 해. 사람들이 전혀 인식할 수 없는 크기의 먼지인 셈이지.

보통 미세먼지는 자연적인 것과 인공적인 것으로 나뉘어. 자연적인 먼지에는 흙먼지, 바닷물에서 생기는 소금, 식물의 꽃가루 등이 있지. 그리고 인공적으로 생기는 먼지에는 화석 연료를 태울 때 생기는 매연, 자동차 배기가스, 건설 현장 등에서 발생하는 날림 먼지 등을 꼽을 수 있어.

미세먼지는 가정에서 가스레인지, 전기 그릴, 오븐 등을 사용하는 조리를 할 때도 많이 발생한단다. 특히 기름을 사용하는 굽기나 튀김 요리는 재료를 삶는 요리보다 미세먼지를 많이 발생시킨다고 해.

헉, 미세먼지를 줄이려면 튀김 같은 음식도 많이 먹으면 안 되겠네요.

그럴거까지 애쓸 건 없어. 자동차의 배기가스라든지 매연만 줄여도 미세먼지가 눈에 띄게 줄어들 거야.

[대기 오염 수치]

대기 오염 측정기는 신기해!

| 2월 22일 금요일 | 날씨 대기 오염 경보가 울린 날 |

우리 동네에는 대기 오염 측정기가 있다. 공기가 맑고 깨끗하면 파란불이 들어오고, 대기 오염이 심해지면 빨간불이 들어온다. 요즘 대기 오염 측정기는 날마다 빨간불이 들어온다. 이러다간 파란불이 들어오는 날이 영영 사라질지도 모르겠다. 나중에는 파란 하늘과 흰 구름을 사진으로만 보는 그런 세상이 올지도 모른다.

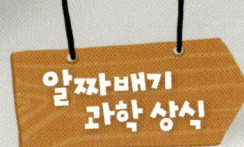

대기 오염지수는 어떻게 측정할까요?

가끔 거리를 지나다 보면 오늘 공기가 좋은지 나쁜지 숫자로 표현되어 있는 전광판을 볼 수 있는데, 그건 뭐 하는 거예요?

그건 대기 오염지수를 나타내는 거란다.

공기가 얼마나 깨끗한지 수치로 표현한 것을 대기 오염지수라고 불러. 대기 오염지수는 동네마다 모두 달라. 생각해 봐. 자동차가 많이 지나다니거나 주변에 공장들이 많은 곳의 오염지수와 숲이 우거진 산골 마을의 대기 오염지수는 당연히 차이가 날 수밖에 없겠지?

그래서 나라에서는 대기 오염지수를 정확히 재기 위해 전국 97개 시, 군에 317개의 측정소를 설치해 두었단다. 측정소에서는 주변 공기를 빨아들여 공기 속 물질들을 살펴봐. 특히 우리나라에서 환경 기준 물질로 삼고 있는

아황산가스, 일산화탄소, 이산화질소, 오존, 미세먼지 등이 얼마나 포함되어 있는지 채집해서 분석한단다.

측정소에서는 어떻게 이런 분석을 할 수 있는 걸까? 그건 바로 공기 속 물질들을 분석하는 측정 장비가 있기 때문이야.

측정소에서는 물질들의 특성을 이용하여 일정 부피의 공기 안에 이 물질이 얼마나 포함되어 있는지를 분석해 내지. 그리고 그 정보를 대기 오염도 공개 홈페이지(www.airkorea.or.kr)를 통해서 실시간으로 확인할 수 있게 만들어 준단다.

대기 오염도 표시는 모두 다섯 단계로 나누어 색상으로 표시해. 파란색은 좋음을 빨간색은 매우 나쁨을 표시하지.

당장 우리 동네의 공기 상태가 어떤지 확인해 봐야겠어요!

사람이 만드는 먼지

방방 뛰지 마!

와, 재미있다!

방방 뛰지 마, 먼지 나!

칫!

엄만 핑계도 그럴싸한 걸 대야지! 내가 뛴다고 무슨 먼지가 나겠어?

얘가 모르는 소리 하네. 사람이 얼마나 먼지를 많이 일으키는데!

말도 안 돼. 내가 무슨 환경 오염 물질도 아닌데 어떻게 먼지를 일으켜!

| 2월 25일 월요일 | 날씨 미세먼지 저감장치가 뭐지? |

엄마가 집에서 함부로 뛰면 안 된다고 말씀하셨다. 그러면 먼지가 생겨서 몸에 해롭다는 것이다. 하지만 가만히 있으려니 너무 심심했다. 그래서 나는 먼지가 생기지 않도록 아주 천천히 뛰었다. 그걸 본 엄마가 먼지 난다면서 또 뭐라고 하신다. 억울하다. 내가 환경 오염 물질도 아닌데 자꾸 먼지를 만든다며 나무라다니!

사람도 먼지를 만든다고요?

인간이 만들어 낸 먼지의 양은 전체 먼지 중 불과 10%에 불과하지. 하지만 인간이 만든 먼지는 지구와 사람, 자연 모두에 나쁜 영향을 미치고 있단다.

도대체 인간이 어떤 먼지를 만들어 낸다는 거죠?

사람은 움직일 때마다 먼지를 만들어. 사람은 자연스럽게 비듬이라든지 피부 조각 따위를 떨어뜨리게 되거든. 또 옷과 옷이 부딪힐 때마다 생기는 먼지, 보풀 같은 것도 무시할 수 없을 정도로 많지.

그런데 인간이 만드는 먼지는 모래 먼지나 소금 먼지보다 훨씬 크기가 작아서 대기권에 오래 머물게 돼. 인간이 만든 먼지가 자연이 만들어 낸 먼지보다 양은 훨씬 적지만 더 큰 영향을 미치게 되는 것은

바로 이러한 이유 때문이란다.

물론 자연에서도 먼지가 생겨. 먼지를 일으키는 건 바로 땅과 바람이지. 이 먼지만으로도 충분한데, 인간 때문에 먼지의 양이 더 많이 늘어났지 뭐야.

인간은 쓸모없던 땅을 이용할 수 있는 땅으로 바꾸면서 땅을 파헤쳐서 먼지를 만들기도 하고, 건물을 지으면서 공사장 먼지를 만들기도 하고, 자동차를 타고 다니면서 새로운 먼지를 만들어 냈어.

산업화된 도시는 먼지 발생의 중요한 범인이야. 기계나 공장을 가동시키면서 여러 가지 산업 먼지를 만들어 내는 거지.

발전과 환경의 균형이 필요한때군요.

2장
미세먼지는 왜 위험할까?

01 코털의 힘
어떤 먼지가 위험할까요?

02 밖에 나가고 싶어!
미세먼지가 질병을 일으킨다고요?

03 집은 안전할까?
집에도 미세먼지가 있다고요?

04 누가 더 나쁠까?
미세먼지랑 황사는 다르다고요?

05 작은 게 좋은 거라고?
초미세먼지를 피해야 하는 까닭은 뭘까요?

06 자두의 꿈
미세먼지도 예보할 수 있을까요?

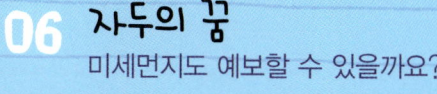

[미세먼지의 위험성]

코털의 힘

2월 26일 화요일 | 날씨 조금 포근해진 것 같다

아빠 코에는 코털이 몇 가닥 삐져나와 있다. 내가 코털을 뽑고 싶다니까 아빠가 절대 안 된다고 소리치셨다. 아빠는 코털 뽑는 걸 왜 그렇게 싫어하는 걸까? 어쩌면 아빠의 힘은 코털 속에 모두 들어 있는 걸지도 모른다. 그래서 머리카락을 자르면 힘을 잃는 삼손처럼 코털을 뽑으면 힘을 잃게 되는 건가?

어떤 먼지가 위험할까요?

선생님, 미세먼지를 위험하다고 하잖아요. 그건 크기가 작아서 그런 건가요?

물론 그런 점도 있지. 하지만 크기가 작다고 무조건 더 위험한 것은 아니야. 먼지 속 내용물이 생명체에 치명적인 것들이 들어 있기 때문에 크기와 상관없이 위험하다고 하는 거란다.

사람들은 눈과 코, 입속으로 미세먼지가 마구 들어와도 느끼지 못하지. 바로 이런 점 때문에 미세먼지를 위험하다고 하는 거란다.

먼지는 대부분 코털이나 기관지 점막에서 걸러져 배출되지. 하지만 미세먼지는 코나 입, 기관지에서 걸러지지 않고 우리 몸속까지 스며들게 돼. 이러한 먼지들은 우리 몸을 돌아다니다가 체내에 쌓여 큰 문제를 일으키지.

일단 미세먼지가 우리 몸속으로

자두야! 미세먼지가 엄청 위험 하대

들어오면 면역을 담당하는 세포가 먼지를 제거하여 우리 몸을 지키도록 작용하게 되는데 이 과정에서 기도, 폐, 심혈관, 뇌 등 우리 몸의 각 기관들이 심각한 염증 반응을 일으키게 돼. 그러면 호흡기, 심혈관 계통 질환 등이 생기지.

 석유나 여러 가지 화학 성분들 때문에 생겨나는 먼지, 원자력이나 위험한 화학 물질을 다루는 과정에서 만들어지는 먼지 같은 경우엔 아주 적은 양이라도 사람들에게 정말 위험해.

[미세먼지로 인한 질병]

밖에 나가고 싶어!

| 3월 1일 금요일 | 날씨 밖에 나가서 놀고 싶다 |

미세먼지가 심해서 학교에도 못 갔다. 요즘은 미세먼지 때문에 밖에 나가지 못하는 날이 늘어나고 있다. 이러다가 나중엔 산소마스크를 써야 밖에 나갈 수 있는 세상이 오는 게 아닐까. 그러면 엄마가 제일 좋아할 것 같다. 마스크를 쓰고 있는 동안은 얼굴이 안 보이니까 화장을 할 필요가 없을 테니 말이다. 대신 마스크를 벗으면 사람들이 놀라서 "으악!" 하고 소리를 지르겠지.

미세먼지가 질병을 일으킨다고요?

우리 몸은 외부에서 나쁜 물질이 몸에 들어오려고 하면 스스로 보호하는 기능이 있어. 바로 이러한 기능 때문에 미세먼지가 심각한 날엔 병이 생기기 쉽지.

엥? 몸을 보호하는 기능 때문에 병이 생긴다고요?

미세먼지나 초미세먼지같이 작은 먼지가 들어오면 우리 몸은 스스로를 보호하기 위해 면역물질을 만들어 내는데, 이것이 각종 염증을 일으키기도 하지.

먼지가 코로 들어가면 우리 몸은 간질간질 간지러움을 느끼고 크게 재채기를 하게 되는데, 이렇게 해도 빠져나가지 않는 물질들은 콧물에 달라붙어서 덩어리가 돼. 콧속에 뭉쳐진 코딱지가 바로 먼지와 이물질이 뭉친 거란다. 또, 가래 역시 몸속으로 들어오는 먼지를 몸 밖으로 빼내기 위한 거란다.

그런데 눈이나 코, 입이 몸속으로 들어오는 모든 먼지를 막지는 못해. 10㎛보다 작은 미세먼지들은 피를 타고 우리 몸속 더 깊은 곳까지 들어갈 수 있거든. 그러면 기관지염이나 폐렴, 심장 질환 등 심각한 병이 생길 수도 있고 심하면 사람이 죽을 수도 있어.

 미세먼지는 염증뿐 아니라 더 심각한 병의 원인이 되기도 해. 기관지나 폐에 미세먼지가 들어가면 기관지염이나 폐렴, 심장 기능에 이상을 가져온단다.

미세먼지는 공기를 오염시키는 물질인 줄만 알았는데!

어디에나 있는 미세먼지

집은 안전할까?

| 3월 4일 월요일 | 날씨 뿌연 바람이 분 날 |

뉴스에서 미세먼지가 심하니 밖에 나가서 놀지 말라고 얘기했다.

그런데 책을 읽다 보니 집 안에도 미세먼지가 있다고 한다.

우리 집은 미세먼지가 더 많을 것이다. 왜냐하면 미미랑 애기가

계속 어지르기 때문이다. 아! 하는 수 없이 오늘은 밖에 나가서

놀아야겠다. 밖이나 안이나 미세먼지가 똑같이 많다면 굳이

답답하게 집 안에서 놀 필요는 없을 테니까.

 알짜배기 과학 상식

집에도 미세먼지가 있다고요?

 집 밖이 미세먼지가 많을까? 아니면 집 안이 더 많을까?

 에이, 그야 당연히 집 밖이겠죠.

　미세먼지는 먼지 크기가 아주 작기 때문에 문틈이나 창문 사이, 집 안에 있는 여러 가지 틈새를 통해 바깥 먼지가 그대로 집 안으로 들어올 수 있어. 또 우리 옷이나 가방, 신발에 묻어서 들어오기도 하고.

　그래서 자기가 살고 있는 주변 환경과 집 안 공기는 대부분 비슷할 수밖에 없어. 게다가 집 안의 먼지들은 바깥에서 들어온 먼지와 합쳐져서 더 위험한 먼지가 될 수 있어.

미세먼지 나가도록 문 열어야지.

그러니 집 안 공기를 깨끗하게 하려면 바깥의 나쁜 먼지는 집 안에 못 들어오도록 막아야만 해. 또, 나쁜 먼지가 발생할 때는 최대한 틈이 생기지 않도록 막아 주고, 외출해서 들어올 때는 깨끗이 털고 들어가야 해. 그리고 수시로 환기를 시켜서 공기를 깨끗하게 해 줄 필요가 있단다.

 집에서 엄마가 요리를 할때도 먼지가 생긴다고 얘기했지? 그러니 요리를 할때, 창문을 열고 하는 것이 좋아.

엄마한테 알려 줘야지!

자두야! 미세먼지 나가도록 문 열어.

미세먼지와 황사의 차이점

누가 더 나쁠까?

| 3월 7일 목요일 | **날씨** 미세먼지랑 황사랑 같이 온 날 |

우리 엄마는 황사가 싫다고 입버릇처럼 말씀하신다. 황사 때문에 빨래도 자주 해야 하고, 햇볕이 안 나니 빨랫감을 뽀송뽀송하게 말리는 것도 힘들다는 것이다. 그래서 엄마한테 미세먼지가 더 싫은지, 황사가 더 싫은지 물어보았다. 엄마는 "둘 다 도토리 키 재기야."라며 혀를 끌끌 차셨다. 황사랑 미세먼지는 도토리랑 엄연히 서로 다른데 어떻게 키를 잴 수 있다는 걸까?

미세먼지랑 황사는 다르다고요?

흔히 착각하기 쉬운데 미세먼지랑 황사는 달라. 황사는 중국에서 불어오는 모래 먼지란다. 바람과 함께 중국 사막이나 황허강 유역의 붉은 모래바람이 날아오는 것이지.

음, 그럼 황사가 나빠요, 미세먼지가 나빠요?

황사가 불면 창밖에 뿌연 먼지바람이 일어날 거야. 바람을 타고 중국에서 불어오는 모래 먼지들이 넘어온다는 게 느껴질 정도이지. 그런데 미세먼지는 황사랑은 달라.

일단 미세먼지는 눈에 보이지 않는 작은 크기의 먼지이기 때문에 우리 눈으로 확인할 수가 없어. 또 황사는 자연에서 만들어진 모래가 바람에 섞여 오는 것이지만 미세먼지는 공장이나 자동차의 배기가스를 통해 만들어지는 물질이지. 요즘에는 황사가 불어올 때면 미세먼지까지 심각해지는

경우가 많아. 그건 중국에서 날아오는 황사에 미세먼지가 섞여 오기 때문이야.

황사는 하늘이 뿌옇게 되고, 건물이나 식물 위에 모래 먼지가 쌓이는 불편을 주지. 이것만으로도 충분히 사람을 고통스럽게 만들어.

그런데 미세먼지가 섞인 황사가 불어 닥친다고 생각해 보렴. 얼마나 건강에 해롭고, 환경에 악영향을 미치겠니?

미세먼지가 섞인 황사는 식물 잎에 달라붙어 식물을 말라 죽게 하고, 사람의 기관지나 호흡기에 나쁜 영향을 준단다.

윽, 황사만으로도 충분히 괴로운데 거기다 미세먼지까지 우릴 괴롭히다니!

초미세먼지의 위험성
작은 게 좋은 거라고?

3월 8일 금요일 | 날씨 비가 아주 조금 내린 날

미세먼지가 위험한 까닭은 너무 작기 때문이란다. 작아서 몸속에 들어온 것도 모르게 된다나. 그렇다면 내 생각엔 케이크랑 쿠키도 미세먼지 못지않게 위험한 것 같다. 케이크나 쿠키는 뱃속으로 언제 들어온 건지도 모를 정도로 후다닥 들어오고, 눈 깜짝할 사이에 소화가 돼서 또 먹고 싶어지기 때문이다. 제발 엄마가 케이크랑 쿠키를 많이 사 주면 좋겠다.

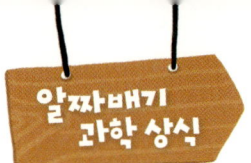

초미세먼지를 피해야 하는 까닭은 뭘까요?

선생님, 초미세먼지가 심한 날엔 외출도 삼가야 한다고 들 하잖아요. 그래 봤자 먼지인데, 왜 피해야 하는 거죠?

크기가 작다는 것은 그것이 닿는 면적이 그만큼 넓어진다는 것을 의미하거든.

예를 들어 100g 무게의 정육면체가 하나 있다고 생각해 보자꾸나. 가로, 세로, 높이 모두 10m라고 가정하면 전체 면적은 10×10인 사각형이 6면이므로 면적은 600㎡가 되겠지.

그렇다면, 100g짜리 정육면체를 1,000등분하면 어떻게 될까? 가로, 세로, 높이 모두 10등분해서 나누면 1,000개의 정육면체가 생기게 될 거야. 작은 정육면체는 가로,

세로, 높이 모두 1m인 작은 정육면체가 되었어. 하나의 정육면체는 1×1 면적인 사각형 6개가 모인 것이므로 6㎡의 면적을 갖게 되겠지.

정육면체 한 개의 면적은 6㎡, 1,000개 모든 정육면체의 면적은 6,000㎡가 되는 거란다. 100g짜리 정육면체를 잘게 쪼갰더니 면적이 무려 10배나 늘어난 거야.

이걸 초미세먼지에 대입해 보면 얼마나 위험한지 알 수 있어. 초미세먼지는 일반 먼지 1g과 미세먼지 1g보다 면적이 1천 배, 아니 수만 배 이상 차이가 날 수 있어.

먼지가 닿는 면적이 그만큼 넓어진다는 건 무얼 뜻할까? 바로 우리 몸에 들어가서 몸과 부딪히는 곳이 많아진다는 뜻이지.

 초미세먼지가 위험한 또 다른 이유는 우리 몸이 제대로 초미세먼지를 방어할 수 없기 때문이란다.

너무 작아서 우리 몸 제일 깊은 곳까지 들어가 버리기 때문에 그런 거죠?

[미세먼지의 양 측정]

자두의 꿈

3월 10일 일요일 | 날씨 예보대로 맑은 날

나는 아침 뉴스를 꼭 본다. 일기예보를 알려 주는 기상캐스터 언니를 보기 위해서이다. 나도 이다음에 크면 저 언니처럼 예쁜 기상캐스터가 되고 싶다. 사람들이 내가 알려 주는 일기예보를 듣고 기분 좋은 하루를 시작했으면 좋겠다. 그런데 기상캐스터가 되려면 공부도 잘해야 하고, 예뻐야 한단다. 그렇다면 미세먼지를 알려 주는 미세먼지 캐스터가 되면 어떨까? 그건 나도 해낼 수 있을 것 같은데.

알짜배기 과학 상식

미세먼지도 예보할 수 있을까요?

선생님, 요즘 일기예보를 보면 날씨가 어떤지 알려 주고 나서 미세먼지도 예측해 줘요.

그래, 미세먼지의 농도가 얼마나 심한지 미리 알려 주고 사람들에게 대비할 수 있도록 하려는 것이지.

미세먼지나 초미세먼지는 너무 작아서 숫자를 세는 것이 불가능해. 그래서 사람들은 $1m^3$에 얼마만큼의 먼지가 있는지 질량을 재서 등급을 표시하고 있지.

1m를 백만으로 나눈 단위는 마이크로미터란다. 마찬가지로 1g를 백만으로 나눈 단위가 마이크로그램이고. 미세먼지는 워낙 작고 가벼워서 크기나 질량을 잴 때는 마이크로 단위가 사용될 수밖에 없어.

미세먼지 나쁨일 땐 산도 안 보여

이런 먼지의 양을 예측한다는 건 현재의 기술로는 불가능한 일이지. 그래서 사람들은 1㎥의 공간에 모인 미세먼지의 질량에 따라 좋음, 보통, 나쁨, 매우 나쁨 등 4단계로 나누어 표시한단다. 현재 우리가 할 수 있는 방법은 이게 최선인 거야.

　미세먼지 예보가 나쁨 단계일 때 하늘을 보면 멀리 있는 산이나 건물이 뿌옇게 보일 거야. 매우 나쁨일 때는 안개 낀 것처럼 산이 먼지구름에 덮여 보이지 않지.

3장
미세먼지는 어떻게 지구를 파괴할까?

01 비행의 왕
미세먼지는 얼마나 멀리 날아갈까요?

02 먼지 이불
먼지 때문에 지구가 뜨거워진다고요?

03 숨 쉬지 않을 테야!
이산화탄소가 지구를 오염시킨다고요?

04 먼지도 소중해!
먼지가 없다면 지구는 어떻게 될까요?

05 오존은 착할까, 나쁠까?
오존층이 파괴되면 지구에 어떤 일이 일어날까요?

[미세먼지 정보]

비행의 왕

| 3월 12일 화요일 | 날씨 중국에서 미세먼지가 날아왔다 |

먼지가 바람을 타고 수천 킬로미터 이상 날아간다는 사실을 알게 됐다. 나는 지금까지 하늘을 나는 새가 제일 부러웠다. 마음껏 여행을 할 수 있기 때문이다. 그런데 이제부터는 먼지를 부러워해야 하나 아주 심각하게 고민하는 중이다. 먼지가 더 먼 곳까지 여행을 갈 수 있으니 부럽긴 한데 어쩐지 먼지가 되고 싶지는 않다.

알짜배기 과학 상식

미세먼지는 얼마나 멀리 날아갈까요?

먼지는 인간뿐 아니라 동식물, 땅과 바다까지 지구에 있는 모든 것들로부터 만들어진다고 할 수 있는 거 아닌가요?

그래, 그렇지. 문제는 이렇게 만들어진 먼지는 공기 중에 퍼져 나가게 되는데, 작고 가벼운 먼지들은 바람을 타고 대기권까지 올라가게 된다는 거야.

우리 눈에 볼 수 있는 아주 굵은 먼지(30㎛ 이상의 크기)들은 대기권에 올라가더라도 오래 머물지 못해. 몇 분에서 몇 시간 사이에 아래로 다시 가라앉지. 무게 때문에 버틸 수 없는 거야. 하지만 미세먼지는 다르단다.

미세먼지는 작고 가벼울 뿐 아니라 먼지끼리 잘 뭉치지도 않아. 그래서 미세먼지는 대기권에 오래 머물 수 있게 되고, 바람을 타고 먼 곳까지 날아갈 수 있지.

생각해 보렴. 아프리카의 모래 먼지가 유럽 위쪽까지 갈 수 있으며, 인도양을 넘어서까지 날아갈 수 있다면 어떤 일이 벌어질까? 미세먼지를 많이 만들어 낸 나라는 물론이고 다른 이웃 나라에까지 큰 피해를 주게 되겠지. 미세먼지는 지구 반대편까지도 날아갈 수 있기 때문에 그만큼 나쁜 영향을 넓은 지역에 줄 수 있어.

우와, 내가 들이마시고 있는 미세먼지가 지구 반대편에서 만들어진 것일 수도 있다니!

그러니 전 세계 사람들이 힘을 합쳐 미세먼지를 줄여야만 하는 거란다.

어디서 날아온 미세먼지일까?

콜록

콜록
콜록

[미세먼지와 지구의 환경]

먼지 이불

| 3월 13일 수요일 | 날씨 벌써부터 덥게 느껴진다! |

먼지가 지구의 온도를 높인다는 얘기를 들었다. 먼 옛날 사람들이 이 사실을 알았더라면 참 편리하게 지냈을 텐데 하는 생각이 들었다. 집 청소를 하지 않고 먼지가 뒹굴뒹굴 굴러다닐 때까지 기다렸다가 그걸 이용해서 이불을 만들면 될 테니까. 그런데 먼지 이불을 푹 덮고 자면 잘 때 먼지 냄새가 심하게 나려나?

알짜배기 과학 상식

먼지 때문에 지구가 뜨거워진다고요?

 옛날부터 지구는 400~500년 주기로 기온이 조금씩 올라갔다 내려가곤 했어. 그런데 요즘 지구 온도는 계속 올라가고만 있어.

 안 그래도 지구가 점점 뜨거워져서 아무도 못 살게 되면 어떡하나 걱정이에요.

지구의 온도가 갈수록 뜨거워지자 온갖 이상 현상들이 벌어졌지. 과학자들이 지구가 뜨거워지는 원인을 조사하게 되었어. 그랬더니 1900년대 이후 지구의 온실가스가 크게 늘었다는 것을 알 수 있었지.

온실가스는 햇빛이 땅을 데워 따뜻해진 공기를 바깥으로 나가지 못하도록 막는 기체들이야. 온실가스가 없다면 지구는 낮에는 아주 뜨겁고, 밤에 아주 추운 이상한 행성이 되고 말겠지.

온실가스에는 이산화탄소(CO_2), 메탄(CH_4), 아산화질소(N_2O), 수소화불화탄소(HFCs),

 겨우 나왔네

과불화탄소(PFCs), 육불화황(SF_6) 등이 있어. 이런 온실가스들은 옛날부터 공기 중에 퍼져 있어서 지구를 따뜻하게 지켜 주는 역할을 해왔단다. 그런데 이런 온실가스가 갑자기 늘어나는 바람에 지구가 따뜻해지다 못해 뜨거워지게 된 거야.

그렇다면 온실가스는 왜 늘어났을까? 이런 온실가스들은 사람들이 만들어 낸 먼지 속에 아주 많이 들어 있었어.

이산화탄소는 석탄, 석유 같은 화석 연료를 연소하면서 만들어진 기체 먼지야. 우리가 집을 따뜻하게 하기 위해 보일러를 돌리는 동안 이산화탄소 먼지가 공기 중으로 퍼져 나가는 것이지. 결국 사람들이 만들어 낸 먼지가 늘어나면서 지구가 점점 뜨거워지는 거야.

[온실가스로 인한 온난화]

숨 쉬지 않을 테야!

좋아, 이제부터 난 절대 지구를 오염시키는 이산화탄소를 내뿜지 않을 거야.

그럼, 숨은 어떻게 쉬려고?

그게…!

사람은 숨을 쉴 때 자연스럽게 산소를 들이마시고 이산화탄소를 내뱉어.

그, 그럼…. 이산화탄소를 내뿜지 않으려면 숨을 쉬지 않아야만 하는 거네?

네가 말하는 지금 이 순간에도 이산화탄소가 퐁퐁 뿜어져 나오고 있다고.

| 3월 18일 월요일 | 날씨 나무들이 산소 뿜뿜! |

우리가 숨을 쉴 때마다 내뿜는 이산화탄소도 공기를 오염시키는 원인이 된다고 한다. 사람은 왜 나무처럼 숨을 쉴 때 산소를 내뿜지 않는 걸까? 나는 과학자들이 얼른 나무를 연구해서 산소를 내뿜는 방법을 알아냈으면 좋겠다. 그러면 우리도 숨을 들이마실 때마다 나쁜 이산화탄소를 들이마시고, 숨을 내쉴 때는 상쾌한 산소를 퐁퐁 내뿜을 수 있을 텐데.

알짜배기 과학 상식

이산화탄소가 지구를 오염시킨다고요?

 사람뿐만 아니라 살아있는 생물은 숨을 쉴 때마다 이산화탄소를 내뿜어. 미생물이나 박테리아도 발효할 때 모두 이산화탄소를 만들어 내지.

 이산화탄소는 지구를 오염시키는 물질이잖아요!

우리가 환경을 오염시키는 주범으로 알고 있는 이산화탄소는 사실 지구에 없어서는 안 될 아주 중요한 기체야.

이산화탄소는 햇빛을 그대로 통과시켜 지구로 들어오게 해 주고, 햇볕 때문에 따뜻하게 데워진 공기는 지구 밖으로 빠져나가지 못하도록 막는 역할을 해.

이산화탄소양이 많이 늘었나 봐 너무 더워

만약 이산화탄소가 없다면 지구의 온도는 순식간에 차가워질 거야. 그러면 빙하기가 닥쳐올 테고, 거의 모든 생물들이 얼어 죽게 되겠지. 이산화탄소 같은 가스들은 지구를 온실처럼 따뜻하게 해 준다고 해서 '온실가스'라고 부른다고 했지?

만약 온실가스가 지구를 둘러싸지 않는다면 지구의 평균 기온은 약 영하 15도 정도가 돼서 식물도 사람도 살아가는 것이 힘들어지게 될 거야. 그런데 적당히 있을 땐 고맙고 소중한 역할을 하던 이산화탄소가 그 양이 늘어나면서부터 큰 문제를 일으키게 됐어.

사람들이 화석 연료를 사용하고, 지구를 개발하는 한 이산화탄소의 양은 줄어들지 않을 거야. 그래서 요즘 사람들은 이산화탄소를 대체할 수 있는 친환경 에너지를 개발하려고 애쓰고 있단다.

【 먼지의 활용 】

먼지도 소중해!

| 3월 20일 수요일 | 날씨 하늘에 조각구름 |

먼지는 무조건 나쁜 일만 하는 줄 알았는데, 자식들! 좋은 일도 좀 한다는 걸 알게 됐다. 나는 그동안 먼지를 미워하기만 하고 무조건 청소해서 없애려고 했던 것이 미안해졌다. 앞으로는 좋은 일을 하는 먼지만 남겨 놓고 사람들을 괴롭히는 먼지만 없애기 위해 노력해야겠다. 그런데 착한 먼지, 나쁜 먼지를 쉽게 구분할 수 있는 방법은 없을까? 너무 작아서 알아볼 수가 없을까 봐 걱정이다.

알짜배기 과학 상식

먼지가 없다면 지구는 어떻게 될까요?

이 세상에 먼지가 없다면 세상은 어떻게 될까요?

 지구에 먼지가 없다면 아마 사람들은 더 이상 지구에서 살 수 없을지도 몰라. 지구가 너무 뜨거워지기 때문이지.

먼지가 모두 나쁜 것만은 아니야. 하늘에 있는 구름도 먼지가 있어야만 만들 수 있고, 아름다운 꽃도 먼지가 있어야만 피울 수 있거든. 그게 다 무슨 소리냐고?

하늘에서 물방울들이 한 덩어리로 뭉쳐 있는 상태라고 할 수 있어. 그런데 땅 위에서 증발한 수증기는 하늘에 떠 있는 먼지를 만나야 물방울로 변할 수 있지. 먼지 겉면에 수증기가 맺혀 물방울이 되거든.

꽃이나 나무는 대부분 벌이나 나비가 꽃가루를 날라서 수정을 시키지. 그런데 꽃이나 나무 중에는 꽃가루를

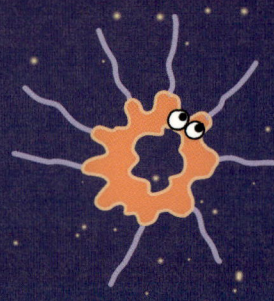

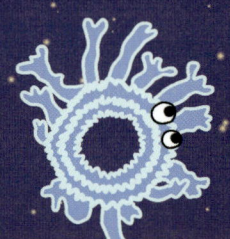
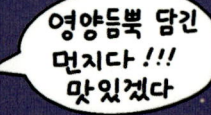

바람에 날려 싹을 틔우는 것도 많아. 이런 꽃가루 대부분이 먼지 속에 들어 있단다.

사하라 사막의 모래 먼지는 바다나 열대 우림에 사는 물고기의 훌륭한 먹잇감이 돼. 모래 먼지에 섞여 있는 영양분이 바다 속이나 열대 우림을 흐르는 강 속에 사는 플랑크톤의 먹이가 되거든.

많은 사람들이 이 세상에 먼지가 없다면, 세상은 정말 깨끗해질 거라고 생각하겠지만, 그 반대가 될 수도 있어. 지금 우리가 보는 지구의 모습도, 동식물도 모두 다른 모습을 갖게 될 테고 말이야.

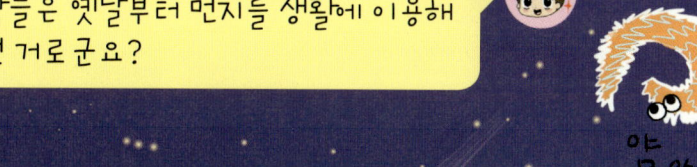

4천 년 전 핀란드에서 섬유질이 풍부한 돌을 잘게 가루로 만들어서 그릇을 만들었지. 아, 그래! 과테말라에서는 화산재 먼지를 이용해 그릇을 만들기도 했다더구나.

사람들은 옛날부터 먼지를 생활에 이용해 왔던 거로군요?

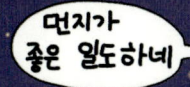

먼지가 좋은 일도 하네

[오존층의 파괴]

오존은 착할까, 나쁠까?

3월 21일 목요일 | 날씨 자외선이 위험하다고?

오존은 사람에게 아주 위험한 공기라고 한다 하지만 동시에 아주 중요한 역할을 하는 보호자 같은 존재라고도 한다. 그러니까 오존은 착한 면과 나쁜 면을 동전의 양면처럼 갖고 있는 것이다. 마치 우리 엄마처럼! 우리 엄마도 나한테 아주 착하고 좋은 엄마면서 동시에 매우 무섭고 엄하시니까.

알짜배기 과학 상식

오존층이 파괴되면 지구에 어떤 일이 일어날까요?

하늘 저 높은 곳에 지구를 지켜 주는 방패가 있다면서요?

 오존층이라고 있지. 지구에서 약 25~30km 정도 높이에 오존이 많이 모여 있어서 오존층이라고 불러.

오존층이 없다면 지구에는 사람이 살 수가 없어. 오존층은 태양에서 오는 빛 중에서 자외선을 흡수해. 만약 오존층이 자외선을 막아 주지 않으면 피부가 검게 타고, 눈에 백내장이 생기는 등 심각한 병에 걸려.

또 오존층이 자외선을 흡수하지 않으면 지구의 기후가 이상해지면서 강력한 태풍과 비바람 등이 몰아치는 등 지구가 무시무시한 곳으로 변할 거야.

오존층에 구멍이 났나 봐 둘둘이 피부가 검다!

와! 오존이 그렇게 소중한 거였군요. 오존을 많이 만들어야겠어요!

안 돼. 그러면 큰일 나지.

오존은 산소 원자가 3개 모여서 만들어진 기체야. 공기 속에 아주 조금만 있어도 냄새가 나기 때문에 금방 알 수 있어. 그런데 오존은 매우 위험한 가스야. 아주 적은 양이라도 사람이 마시면 기관지나 폐에 무서운 병을 일으키거든. 그런데 오존층이 점점 얇아지고 있어. 남극에서는 오존층에 구멍이 나기도 했지. 그러면 자외선이 지구로 더 많이 들어올 테고, 사람들에게 큰 피해를 줄 거야.

4장
미세먼지를 막으려면 어떻게 해야 할까?

01 황사야, 덤벼라!
황사가 몰려올 땐 어떻게 행동해야 할까요?

02 미세먼지 때문에 용돈이 줄었어!
미세먼지가 나라 경제에도 영향을 미친다고요?

03 포기하지 마
대기 오염을 줄이기 위한 대책에는 어떤 게 있을까요?

04 편식하지 마!
가정에서도 대기 오염을 줄일 수 있다고요?

05 나무를 심자
공기를 맑게 하려면 어떻게 해야 하나요?

06 더러운 게 아니라고?
갯벌이 지구의 먼지 청소기라고요?

[황사 대피법]

황사야, 덤벼라!

| 3월 22일 금요일 | 날씨 황사가 몰려온다! |

황사가 심각해져서 미세먼지 방지 마스크를 샀다. 마스크를 쓰면 얼굴도 안 보이고, 말할 때 소리도 잘 안 들리고 갑갑하기 그지없다. 이렇게 불편한 점이 하나둘이 아닌데도 불구하고 마스크를 꼭 써야만 한다고 한다. 안 그러면 미세먼지가 몸속으로 들어가게 될 테니까. 맞다, 마스크를 쓰고 보니 좋은 점이 하나 있다. 바로 누가 예쁜 얼굴인지, 못생긴 얼굴인지 알아볼 수 없다는 것이다.

황사가 몰려올 땐 어떻게 행동해야 할까요?

황사가 몰려오면 탈탈 털어 버리면 되잖아요.

안 돼! 요즘 황사는 모래 먼지뿐 아니라 눈에 보이지 않는 미세먼지, 초미세먼지까지 많이 포함되어 있거든.

황사가 자주 발생하는 계절에는 우선 일기예보나 미세먼지 예보 등을 자주 확인하는 것이 좋아. 인공위성을 통해 살펴보면 중국 하늘에 모래 먼지가 뭉치고 있는지, 어떻게 이동하고 있는지 등을 확인할 수 있거든. 기상청에서는 그 자료를 바탕으로 황사가 얼마나 지속될지를 판단한단다.

또, 황사가 발생하는 날에는 되도록 운동장에서 놀거나 바깥에서 오래 움직이지 않는 것이 좋아. 바깥에 나가야 한다면 황사를 막아 줄 수 있는 마스크나 보호 안경, 긴 소매 옷을 입어야 해. 이런 장비들은 몸속으로 들어가는 미세먼지를 조금이라도 막아 줄 수 있을 테니까.

　집에서도 창문이나 문을 닫아 집 안에 먼지가 들어오지 않도록 막는 것이 중요해. 바깥에서 집으로 들어갈 때는 몸에 붙어 있는 먼지를 깨끗이 털어 주어야만 해. 눈에 보이지 않는 미세먼지까지 꼼꼼히 털고 들어와야 집 안에 황사 먼지를 조금이라도 적게 가져올 수 있거든.

　집에 오자마자 손이나 입은 물로 깨끗이 씻고 헹구어 주는 것이 좋아. 황사에 섞인 미세먼지는 주로 손이나 코, 입을 통해 들어갈 수 있으니 입안까지 구석구석 잘 헹구어 주어야만 한단다.

[미세먼지와 경제]

미세먼지 때문에 용돈이 줄었어!

3월 23일 토요일 | 날씨 미세먼지야 물러나라!

미세먼지가 심각해지자 경기가 나빠졌다는 뉴스가 계속 흘러나왔다. 아빠가 일하는 회사도 어려워졌다고 한다. 나는 용돈이 줄어들게 될까 봐 걱정이 됐다. 커다란 청소기를 이용해서 미세먼지만 쏙 빨아들일 수 있으면 참 좋을 텐데! 아니면 미세먼지를 똘똘 뭉치도록 해서 아주 크게 만든 다음 청소기로 쏙 빨아들이는 방법은 없을까? 아, 이러다가 미세먼지를 없애는 전사가 될 것 같다.

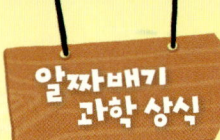

미세먼지가 나라 경제에도 영향을 미친다고요?

미세먼지는 그냥 먼지일 뿐인데 경제에도 영향을 미친다고요?

그건 우리나라가 반도체와 디스플레이 산업이 주로 발달된 나라이기 때문이지.

　미세먼지는 우리나라 산업 경제에도 적지 않은 악영향을 줘. 우리나라의 경우 반도체라든지 디스플레이 산업이 발달했지. 그런데 이러한 산업은 먼지에 아주 민감하단다.
　반도체의 경우 가로와 세로 높이가 30cm인 공간에 0.1㎍의 먼지 입자가 딱 1개 이상 있어서도 안 돼. 먼지가 생기면 반도체가 불량이 될 가능성이 매우 높아지지. 그러니 미세먼지가 심각해지면 심각해질수록 반도체를

만들기 힘들어지는 거야. 디스플레이도 마찬가지로 미세한 작업을 해야 하기 때문에 작은 먼지 하나에도 큰 영향을 받게 되지.

자동차 산업은 도장 공정에서 악영향을 받을 수 있어. 우리나라의 자동차 공장은 대부분 자동화 설비로 이루어져 있지. 대부분의 작업은 기계가 하고, 사람이 이를 관리하는 거야. 그런데 기계 속에 미세먼지가 들어가게 되면 자꾸만 오작동이 생기게 돼. 그러니 미세먼지가 늘어나면 늘어날수록 나라 경제가 어려워지는 거야.

 헉, 우리나라를 잘살게 하려면 미세먼지부터 줄여야 하는 거로군요?

 그래, 경제와 미세먼지는 아주 밀접한 관계가 있단다.

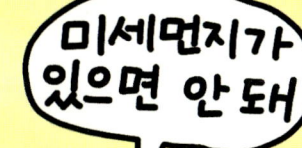
미세먼지가 있으면 안 돼

[대기 오염을 줄이기 위한 대책 1]

포기하지 마

| 3월 25일 월요일 | 날씨 푸른 하늘 푸른 꿈 |

슈퍼에서 비닐봉지를 쓸 때마다 돈을 받겠다고 했다. 그 돈을 내기 싫으면 장바구니를 들고 다녀야 한다는 것이다. 엄마는 불편하다며 투덜거렸다. 하지만 그렇게 하면 환경이 보호되고, 오염도 줄어든다고 한다. 그런데 어째서 사람들이 불편해지면 환경이 더 깨끗해지게 되는 걸까? 사람도 편리하고 환경도 동시에 깨끗해지는 방법이 있는지 찾아봐야겠다.

알짜배기 과학 상식

대기 오염을 줄이기 위한 대책에는 어떤 게 있을까요?

대기 오염의 피해를 줄이기 위해서 세계 여러 나라에서는 온실가스를 줄이고, 오존층을 보호할 수 있는 다양한 정책을 만들어서 시행하고 있단다.

와, 환경 오염을 줄이기 위해 정부가 나서서 앞장서는군요?

대기 오염의 대표적인 주범 중 하나가 연료의 연소 과정에서 발생하는 여러 가지 물질들이지. 세계 여러 나라에서는 환경 오염 물질을 줄이기 위해 다양한 대책을 세우고 있어.

그 가운데 하나가 바로 석유나 석탄, 천연가스가 아닌 바람, 바닷물, 태양 에너지 등을 이용한 친환경 에너지를 개발하는 거야. 또, 옥수수 등을 이용한 천연 연료를 개발하고 수소 에너지,

태양열 에너지를 이용해서 전기를 생산한대

지열 등 새로운 에너지를 만들려고 애쓰고 있지.

뿐만이 아니란다. 기업들이 대기 오염 물질을 그대로 공기 중에 쏟아내지 못하도록 규제를 하기도 해. 대기 오염 물질을 걸러 줄 수 있는 필터를 부착하도록 하기도 하고, 기업마다 대기 오염을 방출할 수 있는 양이나 내용물에 제한을 두어서 기준을 넘길 경우 법적으로 처벌하기도 하지.

또 정부에서는 기업에다 탄소 배출권을 팔기도 한단다. 탄소 배출량이 많은 기업은 배출을 줄이거나 배출권을 사야만 해.

와, 이런 노력에도 불구하고 환경 오염이 갈수록 심각해지고 있다니!

바람이 가진 운동에너지를 이용하여 전기를 생산한대

생체를 에너지원으로 사용한대

대기 오염을 줄이기 위한 대책 2
편식하지 마!

| 3월 26일 화요일 | 날씨 며칠 동안 맑은 하늘 |

나는 과일 중에 바나나가 제일 좋다. 그런데 엄마가 대기 오염을 줄이려면 바나나보단 우리 땅에서 나는 제철 과일을 더 많이 먹어야 한다고 말씀하셨다. 아, 바나나를 먹을 것이냐, 아니면 대기 오염을 줄일 것이냐! 나는 고민하다가 결국 바나나도 먹고 제철 과일도 먹어치웠다. 이상하게도 나는 고민을 하면 배가 고프다.

가정에서도 대기 오염을 줄일 수 있다고요?

 집에서 만들어 내는 이산화탄소의 양도 만만치 않단다.

헉, 집에서도 이산화탄소를 만들고 있다고요?

우리가 TV를 보고, 불을 켜고, 집을 따뜻하게 데우는 모든 일에 전기가 사용되지. 전기는 대부분 발전소에서 화석 연료를 이용해서 만들어지고 있어. 발전소에서 사용하는 화석 연료의 사용을 줄이려면 어떻게 해야 할까? 당연히 집에서 사용하는 전기를 절약해야겠지.

그리고 가족들이 외출할 때마다 사용하는 자동차도 대기 오염을 일으키는 물건이지. 배기가스가 대기를 오염시키는 주범이거든.

엄마가 사 오시는 제철 채소나 과일을 맛있게 먹는 것도 좋은 방법이란다. 겨울철에 갑자기 포도라든지 딸기 같은 과일이 먹고 싶으면 어떻게 해야 할까? 당연히 외국에서 수입해 와야 할 거야. 이때 한국으로 실려 오는 동안 사용된 배와 자동차의 연료 등이 모두 대기를 오염시키는 물질이 되는 거란다. 그러니 제철 채소나 과일을 먹는 것도 대기 오염을 줄이는 방법이 되는 거지.

 우리가 가장 쉽게 대기 오염을 줄이는 방법은 필요 없는 물건을 쓰지 않고 쓰레기를 줄이는 거야

대기 오염을 줄이는 데는 생각보다 쉽고 다양한 방법이 있었군요!

제철 과일을 먹는 것도 대기 오염을 줄이는 방법이지!

얌 얌 얌

[공기를 정화시키는 방법]

나무를 심자

3월 27일 수요일 | 날씨 비 온 다음 나무 심기

할아버지가 마당에다 미미랑 나, 애기의 나무를 심었다. 우리가 어른이 될 때쯤이면 이 나무도 자라서 아름드리나무가 될 것이라고 한다. 할아버지는 우리에게 나무처럼 크기를 바란다고 말씀하셨다. 하지만 애석하게도 할아버지의 말씀은 따를 수가 없을 것 같다. 왜냐하면 나무는 이산화탄소를 먹고 산소를 내뿜지만, 우리는 산소를 먹고 이산화탄소를 내뿜어야 하기 때문이다.

공기를 맑게 하려면 어떻게 해야 하나요?

윽, 선생님! 공기가 너무 오염돼서 숨을 쉬기가 어려워요.

공기는 우리가 숨 쉬고 살아가기 위해 반드시 필요한 것이지. 공기를 맑게 하려면 꾸준한 노력이 필요해.

나빠진 공기를 좋게 하려면 어떻게 해야 할까? 우선 나쁜 물질을 더 이상 공기 중에 쏟아내지 말아야 하고, 다음은 좋은 공기를 새로 만들어 내야만 해. 그런데 나쁜 물질을 공기에 쏟아내지 않으려면 한 사람의 힘만으로는 부족하단다. 나라가 앞장서야 하고 기업들이 모두 힘을 합쳐야만 해. 또, 사람들이 저마다 불편을 참고 환경을 지키려는 마음을 가져야만 한단다.

공기야 맑아져라

이렇게 해서 나쁜 물질을 줄이고 나면 이제 남은 공기를 깨끗하게 만들기 위한 작업을 해야 해.

공기 중에 산소가 많이 포함되어 있고, 생물체에 해로운 기체가 적은 상태를 깨끗한 공기 상태라고 하지. 산소는 식물이 광합성을 하는 과정에서 만들어지는 거란다. 지구에 식물이 많으면 그만큼 산소가 많이 만들어질 수 있어.

 숲과 갯벌은 산소를 만들어 내는 데 가장 큰 몫을 하지.

 숲속의 식물과 갯벌 속 식물 플랑크톤은 우리에게 산소를 만들어 주는 고마운 존재들이었군요!

갯벌의 역할

더러운 게 아니라고?

3월 30일 토요일 | 날씨 갯벌 주변은 깨끗

우리 가족은 서해안 갯벌로 나들이를 갔다. 처음에는 갯벌에 들어가기가 겁났다. 새카만 진흙이 묻으면 지저분해질 것 같다는 생각이 들었던 것이다. 하지만 주위에는 갯벌에서 조개도 캐고, 문어도 잡고, 꽃게도 잡는 사람들이 많았다. 사람들은 모두 즐겁고 신나 보였다. 저 많은 사람들이 더러운 곳에서 그런 것을 잡으며 신나 할 리는 없겠지. 나는 용기를 내어 갯벌에 들어가 보았다. 그러자 작은 꽃게 한 마리가 나를 약 올리듯 잽싸게 지나갔다.

알짜배기 과학 상식

갯벌이 지구의 먼지 청소기라고요?

갯벌은 바다이면서 땅이기도 한 곳이지. 그런데 이 갯벌이 지구의 오염 물질을 청소하는 거대한 청소기라는 사실 알고 있니?

헉, 갯벌이 어떻게 청소를 하는 거죠?

갯벌엔 여러 가지 물질들이 쌓이게 돼. 땅에서 흘러들어 온 물질도 있을 것이고, 땅에서 흘러들어 온 더러운 물속에 들어 있던 물질들도 있겠지. 그런데 신기하게도 이 더러운 물질들은 갯벌을 지나면서 깨끗하게 바뀐단다. 갯벌이 마치 여과지 종이처럼 여러 가지 먼지나 오염 물질을 걸러 주기 때문이지.

그리고 갯벌 속에는 아주 많은 식물성 플랑크톤이 들어 있어. 이것들은 광합성을 하는데, 이때 많은 산소를 만들어 내게 되지.

우리나라의 서해와 남해는 갯벌이 만들어질 수 있는 최적의 조건을 갖추고 있다고 해. 평균 수심이 55m 정도로 낮고 조수간만의 차이가 3~9m 정도로 크며, 여러 강의 하구가 있어 계속해서 흙과 모래가 흘러들거든.

이렇게 만들어진 우리나라의 갯벌은 식물 플랑크톤을 포함한 식물 164종, 동물 687종이 살아가는 터전이며, 전 세계적으로 멸종 위기에 처한 물새 중 47%가 주요 서식지로 이용하는 곳이란다.

국어 교과서(3학년 2학기)에서 안녕 자두야 를 만나세요!

몰래 하는 모든 것은 재미있어요!

선생님 몰래, 엄마 몰래, 친구 몰래
혼자만 간직하고 싶은 이야기가 가득합니다.

쉿! 비밀이야 시리즈 | 각 권 값 9,000원 | 올컬러

❶ 쉿! 비밀이야 선생님 몰래
❷ 쉿! 비밀이야 엄마 몰래
❸ 쉿! 비밀이야 친구 몰래
❹ 쉿! 비밀이야 아무도 몰래

조상들의 삶의 지혜를 배울 수 있는 교양서

수수께끼를 풀다 보면 전통의
가치를 스스로 배우게 됩니다!

수수께끼랑 놀자 시리즈 | 각 권 값 10,000원 | 올컬러

❶ 우리 문화유산에는 어떤 수수께끼가 담겨 있을까?
❷ 우리 전통 과학에는 어떤 수수께끼가 담겨 있을까?
❸ 우리 명절에는 어떤 수수께끼가 담겨 있을까?
❹ 불가사의 세계 문화유산 수수께끼
❺ 국경일에는 어떤 수수께끼가 담겨 있을까?

아이들의 상상력에 날개를 달아 주는 이야기!

주변의 익숙한 것들이 사라지는 상상을 통해
일상의 소중함을 깨우쳐 줍니다!

수상한 일기장 시리즈 | 각 권 값 9,000원 | 올컬러
황당한 일기장 | 값 9,000원 | 올컬러

❶ 우리 학교가 사라졌어요!
❷ 엄마 아빠가 사라졌어요!
❸ 학원이 사라졌어요!
화장실이 사라졌어요!

재미 솔솔~ 지식 쑥쑥! 역사의 흐름이 한눈에 보인다!

각 시대의 인물, 사건, 제도, 생활 모습 등을
구분하여 설명했기 때문에 역사의 흐름을
단숨에 파악할 수 있습니다.

역사 일기 시리즈 | 각 권 값 9,500원 | 올컬러

❶ 두근두근 역사 일기 [조선 시대]
❷ 콩닥콩닥 역사 일기 [고려 시대]
❸ 갈팡질팡 역사 일기 [삼국 시대]

*〈안녕 자두야〉 시리즈는 계속 출간됩니다.